Christian Koch

Vulgärlatein

GRIN Verlag

Bibliografische Information der Deutschen Nationalbibliothek:

Die Deutsche Bibliothek verzeichnet diese Publikation in der Deutschen National-
bibliografie; detaillierte bibliografische Daten sind im Internet über http://dnb.d-
nb.de/ abrufbar.

Impressum:

Copyright © 2006 GRIN Verlag GmbH
Druck und Bindung: Books on Demand GmbH, Norderstedt Germany
ISBN: 978-3-640-61236-9

Dieses Buch bei GRIN:

http://www.grin.com/de/e-book/110986/vulgaerlatein

GRIN - Your knowledge has value

Der GRIN Verlag publiziert seit 1998 wissenschaftliche Arbeiten von Studenten, Hochschullehrern und anderen Akademikern als eBook und gedrucktes Buch. Die Verlagswebsite www.grin.com ist die ideale Plattform zur Veröffentlichung von Hausarbeiten, Abschlussarbeiten, wissenschaftlichen Aufsätzen, Dissertationen und Fachbüchern.

Besuchen Sie uns im Internet:

http://www.grin.com/

http://www.facebook.com/grincom

http://www.twitter.com/grin_com

Christian-Albrechts-Universität zu Kiel

Romanisches Seminar

WS 2005/06

PS I

„Einführung in die französische Sprachwissenschaft"

Vulgärlatein

Seminararbeit von Christian Koch

2

Inhalt

1. Einleitung

Will man heutzutage wissen, wie im Lateinischen die eine oder andere Substantiv- oder Verbform, wie dieser oder jener Satz konstruiert wird, so schlägt man in einer der zahlreichen Schulgrammatiken der lateinischen Sprache nach. Durch ihren normativen Charakter lehren sie uns, was richtig ist und was nicht. Man mag sich dabei aber fragen, mit welchem Recht die Entscheidung über die Richtigkeit in einer Sprache, die seit vielen Jahrhunderten niemand mehr als Muttersprache erlernt, gefällt werden kann. Die Grammatiker legitimieren ihre Regelung des Lateinischen durch intensive Auseinandersetzung mit den beiden klassischen Autoren Cäsar und Cicero. Demzufolge bildet deren individueller Stil die Grundlage für das Schullatein.[1]

Im Sinne der didaktischen Reduktion mag diese willkürliche Einengung des Blickfelds für den Fremdsprachenerwerb annehmbar sein, aus sprachwissenschaftlicher Sicht aber müssen weitere Aspekte der lateinischen Sprache berücksichtigt werden. Vor allem die gesprochene Sprache rückt dabei ins Interesse der (romanistischen) Sprachwissenschaft. Vergleicht man einige romanische Sprachen miteinander, fallen zahlreiche Gemeinsamkeiten auf, die ganz und gar nicht mit dem klassischen Latein vereinbar sind. Daher muss es eine Sprachvarietät gegeben haben, welche man wissenschaftlich als Vulgärlatein bezeichnet.

Im Folgenden soll eine genauere Definition des Vulgärlateins gegeben, die Quellenlage dargestellt und daran eine exemplarische Sprachbeschreibung des Prototyps „Vulgärlatein der Romania" unternommen werden.

---

[1] Vgl. z.B. Rubenbauer, Hans/ Hofmann, J.B. ([12]1995): *Lateinische Grammatik*. Bamberg-München, S. 3.

4

2. Definition des Terminus „Vulgärlatein"

1866 führte der Romanist Hugo Schuchardt den Fachterminus „Vulgärlatein", den er vom lateinischen *sermo vulgaris* ableitete, in die Sprachwissenschaft ein.[2] Dieser Ausdruck wird von manchen Linguisten abgelehnt, da das Adjektiv „vulgär" im Allgemeinen eine abwertende Konnotation hat. Tatsächlich ist *vulgaris* das Adjektiv zum lateinischen *vulgus*, das soviel wie „niederes Volk" oder „Pöbel" bedeutet. In der Antike wurde dieses Wort allerdings nicht nur abwertend[3] sondern auch ganz neutral[4] verwendet.

Alternativ wären folgende Ableitungen möglich: Latein des einfachen Volkes (*sermo proletarius/plebeius*), Alltagslatein (*sermo cotidianus*), umgangssprachliches Latein (*sermo familiaris*), ländliches Latein (*sermo rusticus*) und Verkehrslatein (*sermo peregrinus*).[5] Diese Ausdrücke können jedoch nur als Hyponyme verwendet werden. Nichtsdestotrotz veranschaulichen sie die Dimensionen des Vulgärlateins, denn sie charakterisieren verschiedene Varietäten im Bereich des Diastratischen (*rusticus*, *proletarius*, und *plebeius*, evtl. auch *vulgaris*), im Bereich des Diatopischen im gesamten Imperium Romanum (*peregrinus*, evtl. auch *rusticus*) und im Bereich des Diaphasischen (*cotidianus*, *familiaris*).

Demgemäß kann der Terminus „Vulgärlatein" auf jede Art der gesprochenen Nähesprache aller Lateinsprecher angewendet werden. Tatsächlich finden sich auch in Ciceros Briefen Elemente des *sermo familiaris* in einer dennoch weitgehend distanzierten Schriftsprache. Doch diese subtilen Abweichungen von der *puritas*[6] sollen hier nicht näher untersucht werden. Es ist, wenn man so will, nur eine besonders schwache Varietät des Vulgärlateins.

---

[2] Vgl. Klare, Johannes (2005): *Französische Sprachgeschichte*. Stuttgart, S. 22.
[3] Z.B. Cicero: *Academica* (1.2) "qui nulla arte adhibita [...] vulgari sermone disputant".
[4] Z.B. benannte Hieronymus seine lateinische Bibelübersetzung für das Volk *Vulgata*.
[5] Zit. n. Klare. a. a. O., S. 22,
    Sokol, Monika (2001): *Französische Sprachwissenschaft. Eine Einführung mit thematischem Reader*. Tübingen, S. 188.
[6] Unter *puritas* versteht man die reine Form des klassischen Lateins.

Es kann also festgehalten werden, dass das Vulgärlatein keine homogene Varietät gegenüber dem Schriftlatein ist, sondern selbst unzählige Varietäten aufweist[7], und dass die im vierten Teil folgende Sprachbeschreibung einen Prototypen der gemeinromanischen Koine darstellt, den es so nie gegeben hat. Dass aber überhaupt ein Prototyp konstruiert werden kann, zeigt, dass die verschiedene sprachliche Eigenschaften nicht erst entstanden sind, als beispielsweise die Gallier oder die Iberer im Zuge der Latinisierung begannen, die lateinische Sprache anzunehmen, sondern dass bereits in Rom und der näheren Umgebung wesentliche Abweichungen von der lateinischen Hochsprache bestanden.

---

[7] Die Diachronie des Vulgärlateins führt noch zu weiteren Varianten.

3. Quellen des Vulgärlateins

Die Quellenlage zum gesprochenen Latein ist nach Joseph Hermann durchaus paradox: „Les sources directes permettant connaître l'ensemble des usages parlés non-littéraires sont, paradoxalement, des sources écrites."[8] Grundsätzlich sind drei Formen von Quellen möglich: solche, die vom Autor intendiert verwendete vulgärlateinische Elemente enthalten, solche, die vom Autor nicht intendiert verwendete vulgärlateinische Elemente enthalten, und die heutigen romanischen Sprachen einschließlich ihrer älteren Sprachstufen.

3.1. Intendiert verwendetes Vulgärlatein

Zum einen lassen „Rückschlüsse auf das gesprochene Latein [..] solche literarischen Gattungen zu, die in künstlicher Absicht Alltagssprache wiedergeben wollen."[9] Zu diesen Gattungen gehören die vorklassischen Komödien von Plautus und Terenz und die beiden nachklassischen Romane von Petron und Apuleius. Zum anderen werden vulgärlateinische Elemente von den normativen Grammatikern als falsche Formen und Ausdrucksweisen ausgewiesen. Bekannt ist vor allem die *Appendix Probi*, die wahrscheinlich aus dem sechsten Jahrhundert nach Christus stammt.[10] Sie ist der Anhang zu einer lateinischen Grammatik, in der falsche Formen den richtigen gegenübergestellt werden: z.B. *„auris non oricla"*[11] Die falsche Form auf der rechten Seite gilt als typisch vulgärlateinisch.

3.2. Nicht intendiert verwendetes Vulgärlatein

Die authentischsten Zeugnisse des Vulgärlateins sind sicherlich solche Quellen, in denen unbewusst bzw. mehr oder weniger nachlässig von der hochsprachlichen Norm abgewichen wurde. Das sind z.B. Briefe im *sermo familiaris*, Sachtexte von Autoren, die

---

[8] Hermann, Joseph: *Les Variétés du Latin*. In: Holtus, Günther/Metzeltin, Michael/Schmitt, Christian (Hgg.) (1990): *Lexikon der romanistischen Linguistik* (LRL). Bd. II.1. Tübingen, S. 51.
[9] Schlösser, Rainer (2001): *Die romanischen Sprachen*. München, S. 25.
[10] Vgl. Hermann a. a. O., S. 46.
[11] Zit. n. Rohlfs, Gerhard (³1969): *Sermo vulgaris Latinus. Vulgärlateinisches Lesebuch*. Tübingen, S. 17.

keine rhetorische Ausbildung erhalten haben, und Inschriften, die von sprachlich unge-
bildeten Steinmetzen zwar nicht verfasst, aber doch eingemeißelt worden sind. Ferner
weisen viele spät- und mittellateinische, vor allem christliche Texte eine geringere Dis-
tanz zur gesprochenen Sprache auf als die klassischen Texte.

3.3. Romanische Sprachen

Wie in der Einleitung erwähnt, können durch Sprachvergleich der romanischen Sprachen Gemeinsamkeiten festgestellt werden, die im klassischen Latein nicht vorhanden
sind. Solche können in der Regel als Merkmale des Prototyps „Vulgärlatein der Romania" bezeichnet werden.[12] Für die romanistische Sprachwissenschaft scheint dieses Verfahren vor allem in Fragen der Morphologie, der Syntax und der Lexikologie besonders
sinnvoll. Eine reine Textquellenauswertung zeigt zu viele Varietäten, da die Texte im
Allgemeinen sehr individuelle Stile aufweisen. Vieler dieser Varietäten sind für die Ent-
stehung der romanischen Sprachen kaum oder gar nicht relevant.

---

[12] Eine Fehlerquelle kann allerdings darin bestehen, dass man spätere gemeinsame Sprachentwicklungen
(z.B. beim Spanischen und Portugiesischen) dem Vulgärlatein zuschreibt. Daher sollten Sprachen aus
verschiedenen romanischen Sprachgemeinschaften (Gallo-, Ibero-, Italo-, Räto-, Dakoromanisch) untersucht werden.

4. Sprachliche Eigenschaften

Das Vulgärlatein, das hier – wenn auch in einer typisierten Form – charakterisiert werden soll, ist jenes, welches vor allem römischen Soldaten und Kaufleute, aber auch Schauspieler, Gelehrte, Verwalter und Reisende im Zuge der Romanisierung in die eroberten römischen Provinzen brachten.

Bevor nun die sprachlichen Eigenschaften bezüglich der Phonologie, der Morphologie, der Syntax und der Lexikologie beschrieben werden, sei noch angemerkt, dass das Vulgärlatein „nicht etwa aus der lateinischen Literatursprache oder Hochsprache hervorgegangen [und] mitnichten deren Entartung oder Verderbtheit oder korrumpiertes Latein"[13] ist, auch wenn die übliche Darstellung „$x_{klassisch} > y_{vulgär}$" dergleichen suggeriert. Vielmehr trennten sich beide in einer früheren, vorliterarischen Sprachstufe, der *prisca latinitas*[14], und beeinflussten sich später allenfalls gegenseitig.

4.1. Phonologie

Die prosodische Akzentuierung in den romanischen Sprachen erfolgt über den energischen Akzent, sie sind Intonationssprachen.[15] Das klassische Latein hingegen wird quantitativ, also durch Vokallängen akzentuiert. Diese Veränderung ist die Folge des sog. Quantitätenkollapses, der üblicherweise folgendermaßen schematisiert wird:[16]

$$\text{Klassisches Latein:} \quad \bar{\imath} \quad \breve{\imath} \quad \bar{e} \quad \breve{e} \quad \bar{a} \quad \breve{a} \quad \breve{o} \quad \bar{o} \quad \breve{u} \quad \bar{u}$$
$$| \quad \setminus\, / \quad | \quad \setminus\, / \quad | \quad \setminus\, / \quad |$$
$$\text{Vulgärlatein:} \quad \underset{.}{\text{i}} \quad \underset{.}{\text{e}} \quad \underset{.}{\text{e}} \quad \text{a} \quad \underset{.}{\text{o}} \quad \underset{.}{\text{o}} \quad \underset{.}{\text{u}}$$

Besonders gut kann man das vulgärlateinische Vokalphoneminventar im Spanischen nachvollziehen (lat. *nĭger* > sp. *negro*), da das spanische Inventar diesem in etwa entspricht.[17] Für ein Wort wie das französische *sœur* (< lat. *soror*) kann das Schema keine Antwort geben, weil der Laut [ø] an dieser Stelle erst im Französischen realisiert wurde und als Phonem /ø/ gekennzeichnet werden kann. Folglich sind die wenigsten der 25

---

[13] Kramer a. a. O., S. 21.
[14] Vgl. Vossler, Karl (1953): *Einführung ins Vulgärlatein*. München, S. 50.
[15] Vgl. Sokol a. a. O., S. 73.
[16] Zit. n. Schlösser a. a. O., S. 20..
[17] Vgl. Berschin, Helmut/Fernández-Sevilla, Julio/Felixberger, Josef ([3]2005): *Die spanische Sprache. Verbreitung · Geschichte · Struktur*. München, S. 131.

Vokal- und drei Halbvokalphoneme der romanischen Sprachen[18] direkt aus dem Lateinischen ableitbar. Die lateinischen Diphthonge <au>, <ae> und <oe> werden zumeist monophthongisiert zu <o>, <e> und <e>[19]; sie sind anschließend also phonologisch nicht mehr bedeutungsunterscheidend zu den entsprechenden Monophthongen.

Die Veränderung der Prosodie hatte auch zur Folge, dass unbetonte Silben häufig verschluckt wurden. So fällt bei der Betonung der drittletzten Silbe (Porparoxytona) meistens die vorletzte (paroxytone) Silbe weg: z.b.: *tạbula* > *tạbla* oder *mẹttere* > *mẹttre*.

Bei den Konsonanten fielen zumeist das anlautende /h/, das auslautende <m> und das <n>[20] vor /s/ wie im spanischen *mesa* (< lat. *mensa*) weg.

4.2. Morphologie

Die Deklination der Substantive ist im Ostromanischen kaum, im Westromanischen gar nicht mehr vorhanden. Das Vulgärlateinische reduzierte die Kasusbildung auf den sog. *casus obliquus*[21]. Dieser Kasus ähnelt in der Regel dem hochlateinischen Akkusativ, bei dem allerdings aus phonetischen Gründen (s. 4.1.) das auslautende -m wegfällt und das <ŭ> zu einem <o> wird. Da die Maskulina und Neutra der o-Deklination in dieser Form gleich sind, fiel das Genus Neutrum in den meisten Fällen weg. An die Stelle der Kasusendungen traten einerseits Artikel, die aus dem lateinischen Demonstrativpronomen *ille* entstanden sind, und andererseits die Präpositionen *de* und *ad*. Ein vulgärlateinisches Substantiv kann danach folgendermaßen dekliniert werden: **illa oricla, de illa oricla, ad illa oricla, illa oricla*[22]. Die Pluralbildung ist in zwei verschiedenen Formen belegt: in der Westromania durch das Plural-s, entsprechend dem lateinischen Akkusativ im Plural, und in der Ostromania durch Endungen des lateinischen Nominativs im Plural. Im Italienischen wird dies deutlich: Sg. *amico* (< *amicus*), Pl. *amici* (< *amici*); Sg. *amica* (< *amica*), Pl. *amiche* (< *amicae*).

---

[18] Vgl. Pöckl, Wolfgang/Rainer, Franz/Pöll, Bernhard (³2003): *Einführung in die romanische Sprachwissenschaft*. Tübingen, S. 8.

[19] Vgl. Väänänen, Veikko (1981): *Introduction au latin vulgaire*. Paris, S. 38 ff. Beispiele: *aurum* > **orum* ‚Gold', *tragoedia* > *tragedia*.

[20] Die genaue phonetische Realisierung der Grapheme <m> und <n> im klassischen Latein ist unklar. Vermutlich wurden sie nasaliert. Auch das <h> wurde viel schwächer gesprochen. (Vgl. Rubenbauer (u.a.) a. a. O., S. 6 und S. 331).

[21] Vgl. Pöckl (u.a.) a. a. O., S. 16.

[22] Kasus: Nominativ, Genitiv, Dativ, Akkusativ. Der reine Ablativ ebenfalls durch Präpositionen (*ab*, *cum*, ex, *in*, *pro*, *sub* mit *casus obliquus*) ersetzt worden.

Die Komparation erfolgt nicht mehr wie bei den meisten lateinischen Adjektiven synthetisch (z.b. *altior*) sondern meistens analytisch (*magis* oder *plus alta/o*). Der Superlativ oder Elativ bleibt in einer vereinfachten Form erhalten (z.b. sp. *facilísimo* < *lat. facillimus*).

Das vulgärlateinische Konjugationssystem ähnelt dem hochlateinischen recht stark. Alle Personen und die meisten Zeiten und Modi sind vorhanden. Nur im Französischen sind die Personalpronomen obligatorisch und ersetzen damit teilweise die Konjugationsendungen. Aus dem klassischen Latein sind die synthetischen Passiva, das Gerundivum, das Futur I sowie die futurischen Periphrasen nicht erhalten. Die Formen des Perfekts im Konjunktiv bzw. des Futur II[23] können zumindest im neu geschaffenen Konjunktiv Futur der iberoromanischen Sprachen nachgewiesen werden: sp. (subjuntivo de futuro) *fueres* < lat. *fueris*. Der lateinische Konjunktiv im Imperfekt findet sich – wahrscheinlich zufällig – im persönlichen Infinitiv (infinitivo pessoal) des Portugiesischen wieder: port. *cantares* < lat. *cantares*.

Im Vulgärlatein entstehen einige zusammengesetzte Zeiten mit dem Hilfsverb *habēre*: *habere* + Partizip Perfekt (Perfekt, Plusquamperfekt, anteriores Perfekt, sowie Futur II und Konditional II) und *habere* + Infinitiv (Futur I und Konditional I). In der Verbindung von *habere* mit dem Infinitiv sind die Formen in den modernen romanischen Sprachen synthetisiert. Im Portugiesischen werden allerdings nachzustellende Objekt- und Reflexivpronomen im Futur I (futuro simples) und im Konditional I (condicional presente) mit Bindestrichen eingeschoben, so dass dort der analytische Charakter der Verbform sichtbar wird: z.B. *chamá-lo-ão*[24] (sie werden ihn rufen).

4.3. Syntax

Im klassischen Latein ist die Stellung der Satzglieder weitgehend freigestellt. Einschränkungen gibt es nur, wenn die Kongruenzbeziehungen ansonsten undeutlich würden. Der Satzglieder im Satz „*Pater amat filium.*" können demnach beliebig vertauscht werden, ohne dass missverständlich wird, wer wen liebt. Setzt man die Substantive aber in den *casus obliquus* (*Patre amat filio.*), darf die Wortstellung nicht verändert werden, da es sich durchgesetzt hat, das Subjekt an den Anfang des Satzes zu stellen und von

---

[23] Außer die 1. Pers. Sg. sind diese Formen identisch.
[24] Chamá-lo-ão < *chamá-lo (< *chamar-o) hão.

diesem das Objekt bzw. die Objekte durch die konjugierte Verbform zu trennen. Da der Ablativ nicht mehr erkennbar vorhanden ist, kann die Konstruktion eines *ablativus absolutus* im Vulgärlatein nicht mehr verständlich sein.

Beim Gliedsatzgefüge werden im Vulgärlatein Objekt- und Subjektsätze den Infinitivkonstruktionen (*accusativus cum infinitivo, nominativus cum infinitivo*) bevorzugt.[25] Ein Beispiel für die Ersetzung eines NcI: (*Ego*) *illum cognoscere dicor.* > *Dicitur quod* (*ego*) *illum cognosco.*[26]

4.4. Lexikologie

Im lexikalischen Bereich fällt im Vulgärlatein besonders die Vorliebe für Wörter auf, welche im klassischen Latein zwar vorhanden sind, aber selten oder in einem anderen Kontext gebraucht werden. So wurden einsilbige Wörter wie *res* (Sache) oder *vis* (Kraft) durch die Wörter *causa* (urspr. Ursache/Fall) und *fortia*[27] (urspr. das Tapfere) ersetzt. Ebenso sind ausdrucksschwache Wörter verloren gegangen. Das Substantiv *ōs* (Mund) ist durch *bucca* (urspr. Backe) ersetzt wurden. Hier kann auch der *casus obliquus* eine Rolle gespielt haben: **ore* (< *os*) und **oro* (< *aurum*) sind leicht verwechselbar. Das Adjektiv *oralis* ist dagegen erhalten. Einige Wörter wie *testa* (urspr. Scherbe/Tontopf) statt *caput* für „Kopf" sind nicht in der ganzen Romania verbreitet. So leitet sich das spanische Wort *cabeza* sehr wohl von *caput* ab.

Teilweise wurden einfache Substantive (Simplicia) durch ihre Diminutive ersetzt: *oricla* < *auris*.[28] Allerdings haben sich manche Diminutive nur in einzelnen oriclaromanischen Sprachen durchgesetzt: z.B. fr. *soleil* (< **soliclo*) gegenüber sp. *sol* oder it. *sole* (< *solis*).

---

[25] Vgl. Kramer a. a. O., S. 30.
[26] Mit vulgärlateinischen Flexionsformen könnte der Satz lauten: **Dicto est quod illo cognosco.*
[27] *Fortia* (> it. *forza*) ist der Neutrum Plural des Adjektivs *fortis*.
[28] Vgl. fr. *oreille*, sp. *oreja*, it. *orecchio*.

5. Fazit

Anhand der Textquellen kann kein anschauliches und zugleich prototypisches oder gar normatives Vulgärlatein ausgemacht werden. Nur über kleinste Schritte im Vergleich mit den Tochtersprachen des Lateins kann man versuchen, einzelne Eigenschaften dieses Prototyps herauszufinden. Und wenngleich dieses Verfahren sehr viele Asteriske für nicht belegte Formen erfordert, erhellt es dennoch die Frage, wie es geschehen konnte, dass sich aus dem Lateinischen so viele und vom klassischen Latein recht weit entfernte, aber in sich dennoch gemeinsame Sprachen und Dialekte herausbilden konnten, mit der Antwort, dass es eben nicht das Latein der Schriften Caesars und Ciceros war, welches sich verbreitete, sondern eine große Anzahl von Varietäten einer gesprochenen und nicht durch Rhetoriklehrer vermittelten Sprache, dem Vulgärlatein.

6. Literaturverzeichnis

BERSCHIN, Helmut/FERNÁNDEZ-SEVILLA, Julio/FELIXBERGER, Josef (^{3}2005): *Die spanische Sprache. Verbreitung · Geschichte · Struktur.* München.

HERMANN, Joseph (1990): „Les Variétés du Latin". In: Holtus, Günther/Metzeltin, Michael/Schmitt, Christian (Hgg.): *Lexikon der romanistischen Linguistik* (LRL). Bd. II.1. Tübingen, 44-61.

KLARE, Johannes (2005): *Französische Sprachgeschichte.* Stuttgart.

PÖCKL, Wolfgang/RAINER, Franz/PÖLL, Bernhard (^{3}2003): *Einführung in die romanische Sprachwissenschaft.* Tübingen.

ROHLFS, Gerhard (^{3}1969): *Sermo vulgaris Latinus. Vulgärlateinisches Lesebuch* Tübingen.

RUBENBAUER, Hans/HOFMANN, J.B. (^{12}1995): *Lateinische Grammatik.* Bamberg – München.

SCHLÖSSER, Rainer (2001): *Die romanischen Sprachen.* München.

SOKOL, Monika (2001): *Französische Sprachwissenschaft. Eine Einführung mit thematischem Reader.* Tübingen.

VÄÄNÄNEN, Veikko (1981): *Introduction au latin vulgaire.* Paris.

VOSSLER, Karl (1953): *Einführung ins Vulgärlatein.* München.